Фруит Фусион: Кувар са живописном воћном салатом

100 Истражите уметност прављења свежих и укусних воћних салата

Веселинка Антић

Овај документ је усмерен ка пружању тачних и поузданих информација у вези са темом и темом која се покрива. Публикација се продаје са идејом да издавач није дужан да пружа рачуноводствене, званично дозвољене или на други начин квалификоване услуге. Ако је неопходан савет, правни или професионални, треба наручити особу која је практикована у струци.

Упозорење   Одрицање   одговорности, информације у овој књизи су истините и потпуне према нашем најбољем сазнању. Све препоруке су дате без гаранције од стране аутора или објављивања приче. Аутор и издавач се одричу одговорности и одговорности у вези са коришћењем ових информација

Преглед садржаја

УВОД

Добродошли у „Фруит Фусион: Кувар са живописном воћном салатом". Ова дивна колекција рецепата воћних салата одвешће вас на узбудљиво путовање кроз свет свежих и шарених укуса. Воћне салате прослављају богатство природе, спајајући мешавину сочног воћа како би се створила освежавајућа, здрава и визуелно привлачна јела.

Било да сте искусни ентузијаста воћа или неко жели да у своју исхрану унесе више свежих производа, ова куварица нуди низ рецепата за свако непце и прилику. Воћне салате нису само укусне, већ су и невероватно разноврсне. Од лаганих и пикантних комбинација цитруса до раскошних мешавина бобица и егзотичних тропских мешавина, постоји воћна салата за свако расположење и годишње доба.

У „Фруит Фусион" ћемо истражити уметност комбиновања воћа, експериментисање са преливима и преливима и креирање задивљујућих презентација које ће ваше воћне салате учинити звездом сваког окупљања. Припремите се да пригрлите живе боје, дивне текстуре и укусне укусе природних слаткиша у свакој кашичици.

Дакле, хајде да заронимо у ову авантуру укуса и откријемо како се једноставни састојци могу спојити да би се створиле сензационалне воћне салате које су и хранљиве и гозба за чула !

РЕЦЕПТИ ВОЋНЕ САЛАТЕ

1. Пилећа воћна салата од кус-куса

Састојци за 4 порције

- 200 г кус-куса
- 1 ситно исечен црвени лук
- 250 г пилећих прса
- 1 путер
- 2 мед
- 0,5 кашичице мешаног кима
- 0,5 кашичице кардамома
- 150 мл посног јогурта
- 100 г грубо сецканих орашастих плодова
- 1 доза комада брескве
- 1 база соли

припрема

1. Припремите кус-кус према упутствима на паковању. Пилећа прса оперите, осушите, зачините сољу и бибером и исеците на тракице.
2. Загрејте путер и на њему пропржите лук са пилетином. Брескве оцедите и исеците на ситне коцкице.
3. Помешајте јогурт са зачинима, медом, орасима и кус-кусом, луком и пилетином. На крају преклопите комаде брескве.

2. Млака воћна салата

Састојци за 4 порције

- 10 комада сувих смокава
- кашике султаније
- 300 мл белог вина
- 1 кашичица цимета
- 1 дашка лимуновог сока
- 4 г шећера
- 4 јабуке

припрема

1. У шерпу ставите јабуке, смокве и султаније са вином и све залијте водом.
2. Додајте цимет, лимун и шећер и оставите да се све заједно кратко кува. Али, наравно, јабуке и даље морају бити чврсте за угриз.
3. Све поређајте у чинију и уживајте.

3. Воћна салата

Састојци за 4 порције

- 2 ком кивија
- 2 ком поморанџе
- 1 ком манго
- 1 ком ђумбир (2 цм)
- 2 кашике меда
- 5 кашика сока од јабуке

припрема

1. Огулите и филетирајте поморанџу, ољуштите киви и манго и исеците на мале комадиће.
2. Огулите ђумбир, исеците на ситне коцкице и пржите са медом у тигању неколико минута. Деглазирајте соком од јабуке и прелијте воће. Оставите да се накратко прокуха.

4. Воћна салата од зелених шпарога

Састојци за 2 порције

- 5 ком зелених шпарога (танки штапићи)
- 4 комада јагода
- 1 комад наранџе
- 0,25 комада ананаса
- 1 комад кивија
- 1 комад јабуке (мала)
- 0,5 комада банане
- 1 комад лимуна
- 2 кашике благог маслиновог уља
- 1 ком лимете (сок + кора за маринаду)
- 1 ком поморанце (сок + кора за маринаду)
- 1 гранчица матичњака

припрема

1. Зелене шпаргле оперите, преполовите по дужини и попречно на цца. 2 цм. Јагоде оперите, уклоните петељку и исеците на кришке. Огулите, исеците на четвртине и киви.

2. Ананас огулите и исеците на четвртине, уклоните петељку, четвртину исеците на ситне коцкице, остатак искористите за друге сврхе.

3. Наранџу ољуштити и филетирати, сакупити исцурели сок и користити за прелив. Исцедите лимун. Јабуку оперите, преполовите, уклоните језгро, исеците на коцкице и одмах покапајте половином исцеђеног лимуновог сока (да не порумени).

4. Банану огулите и исеците на кришке, такође покапајте преосталим лимуновим соком.

5. Помешајте прелив од сока од лимете и поморанџе, коре (свака половина од два плода) и маслиновог уља.

6. Припремљено воће са шпарглама ставите у чинију и пажљиво прелијте преливом. Украсите листићима матичњака.

5. Воћна салата са кокосовим кремом

Састојци за 4 порције

- 1 ком шећерне диње
- 2 ком банане
- 3 ком плода кивија
- 1 ком ананаса
- 250 мл шлага
- 2 кашике гранулираног шећера
- 100 мл кокосовог млека

припрема

1. Банане, шећерна диња, киви и ананас се огуле, а шећерна диња је такође очишћена од коштица. Затим се воће исече на мале коцке.
2. Умућен шлаг миксером постепено умешати шећер и кокосово млеко.
3. Тако се добија глатка крема, али шлаг не треба да се мути предуго, највише 2 минута.
4. На крају, воће се распоређује у чиније за десерт и прелива кокосовим кремом.

6. Воћна салата Симоне

Састојци за 4 порције

- 1 комад диње од медљике
- 1 комад кивија
- 1 комад банане
- 5 комада боровница
- 5 ком малине
- 3 комада јагоде

Састојци за маринаду

- 1 комад лимуна (сок)
- 1 кашика шећера
- 1 прстохват ђумбира у праху

припрема

1. Огулите дињу и изрежите језгру и исеците пулпу секачем за куглице да бисте добили лепе куглице од диње. Затим огулите киви и исеците на комаде.

2. Боровнице и малине оперите и оцедите, јагоде оперите, зелени одстраните, преполовите или исеците на кришке. Огулите и исеците банану.

3. Све воће ставите у чинију, помешајте са шећером, лимуновим соком и ђумбиром у

праху. Оставите да се маринира 30 минута, поделите у чаше и послужите хладно.

7. Воћна салата са медом

Састојци за 6 порција

- 3 ком банане
- 250 г јагода
- 100 г плавог грожђа без семенки
- 100 г белог грожђа без семенки
- 2 ком поморанце
- 2 ком кивија
- 1 ком јабука
- 1 ком крушка
- 1 ком лимуна
- 5 кашика меда

припрема

1. Банане, поморанце и киви огулите, јагоде оперите, зеленило уклоните, а воће исеците на ситно.
2. Грожђе оперите, преполовите и додајте остатку воћа. Јабуке и крушке исећи на коцкице, језгро и ситне коцкице и помешати са осталим воћем.
3. Маринирајте лимуновим соком и медом.

8. Пиринач од јагоде на воћној салати

Састојци за 2 порције

- 500 г свежег воћа (по укусу)
- 0,5 шоље шлага
- 3 мерице Мовенпицк јагода
- 5 капи лимуновог сока

припрема

1. Воће оперите, огулите и исеците на коцкице, ставите на тањир и покапајте лимуновим соком.
2. Ставите сладолед од јагода на воћну салату.
3. Украсите шлагом и корнетима за сладолед.

9. Воћна салата са авокадом и јогуртом

Састојци

- 1 јабука
- 1 авокадо
- 1/2 манга
- 40 г јагода
- 1/2 лимуна
- 1 кашика меда
- 125 г природног јогурта
- 2-3 кашике бадема

припрема

1. Прво за воћну салату са авокадом и јогуртом оперите јабуку и уклоните језгру и коцкице. Затим извадите језгро авокада и манга и такође исеците на коцкице. Оперите јагоде и исеците на пола. На крају отворите лимун и исцедите сок из половине.

2. Добро измешајте природни јогурт и мед. Сипајте исечене састојке у већу чинију и умешајте мешавину меда и јогурта. Воћну салату са авокадом и јогуртом, посути бадемима и послужити.

10. Воћна салата са јагодама, дињом и моцарелом

Састојци

- 1/2 медљикаве диње
- 1/4 лубенице
- 250 г јагода
- 2 паковања мини моцареле
- 1/2 гомиле менте
- 1/2 гомиле босиљка
- 1 наранџа
- неки јаворов сируп

припрема

1. За воћну салату са јагодама, дињом и моцарелом, прво скините кожицу и језгра диње, а пулпу исеците на коцкице. Затим оперите јагоде, уклоните зеленило и исеците јагоде на пола по дужини. Затим отргните менту и босиљак. Нану ситно исецкати. Добро оцедите куглице моцареле.
2. Исцедите сок од поморанџе и помешајте са мало јаворовог сирупа.
3. Помешајте све састојке осим босиљка у великој посуди.

4. Порционирајте воћну салату са јагодама, дињом .и моцарелом и послужите украшену босиљком.

11. Воћна салата у чаши са сладоледом и колачићима

Састојци

- 200 г малина
- 4 сладоледа од ваниле
- 2 плода страсти
- 15 пецива
- 1 кашичица шећера у праху
- 10 листова менте

припрема

1. Кексе од кратког хлеба изломите на велике комаде за воћну салату у чаши са ледом и поделите између 4 чаше. Помешајте малине са пулпом маракује и шећером у праху.
2. Ставите куглицу сладоледа од ваниле на пикант и воћну салату у чаши украсите малинама и мало менте.

12. Воћна салата са дињом, боровницама и овчијим сиром

Састојци

- 1/4 лубенице
- 1/4 медљикаве диње
- 1/4 шећерне диње
- 100 г боровница
- 5 зрна кафе (млевене)
- 100 г овчијег (или козјег) сира
- 10 листова менте
- 1 кашика меда

припрема

1. Диње за воћну салату са дињом, боровницама и овчијим сиром огулити и исећи на крупније коцкице.
2. Помешајте са боровницама и распоредите на тањир.
3. На диње распоредите млевену кафу. Сир нарежите на танке траке и ставите на салату од диње.
4. Воћну салату прелијте са мало меда и украсите наном.

13. Воћна салата са авокадом, малинама и орасима

Састојци

- 2 авокада
- 150 мл шлага
- 1/4 лимуна (сок)
- 50 грама шећера
- 200 г малина
- 2 кашике мешавине орашастих плодова
- 2 лимеса
- 1 кашика шећера у праху

припрема

1. Авокадо и малине огулите и изрежите за воћну салату са авокадом и исеците на мале коцкице.
2. Пасирајте заједно са лимуновим соком и шећером. Умутите шлаг док не постане чврст и умешајте авокадо.
3. Огулите лимун и исеците месо између белих преграда. Помешајте са опраним малинама и шећером у праху.
4. Поделите између четири чаше и поспите грубо исецканом мешавином.
5. Воћна салата са кремом од авокада и украсом од малина.

14. Воћна салата на роштиљу са јагодама, ананасом, смоквама и грејпфрутом

Састојци

- 2 сл
- 4 јагоде
- 2 шљиве (жуте, колутиће)
- 1 мандарина
- 1 рубин грејпфрут
- 1/4 ананаса
- 1 кашичица шећера у праху
- 1 кашика лимуновог сока
- 2 кашике пистаћа (исецкан)
- 3 кашике уља семена грожђа

припрема

1. За воћну салату на роштиљу прво припремите прелив. Затим помешајте шећер у праху, лимунов сок, уље семенки грожђа и пистације.
2. Преполовите јагоде и смокве. Ананас исеците на танке кришке, а преостало воће на крупније комаде.
3. Премажите све воће са мало уља од семенки грожђа.
4. Воће пеците на роштиљу или са свих страна док воће не добије лепу тамну боју.

5. Затим поређајте воће на тањир и прелијте преливом.
6. Воћну салату са роштиља послужите док је још топла.

15. Печена воћна салата са пуцњавом

Састојци

- 1 бресква
- 1 јабука
- 1/4 ананаса
- 1 банана
- 20 г грожђа
- 20 г малина
- 1/2 наранџе (сок)
- 1/2 лимуна
- 1 махуна ваниле (пулпа)
- 4 јаја
- 1 кашика меда
- 2 кашике рума
- 1 кашика ликера од поморанџе

припрема

1. За гратинирану воћну салату са сачмом прво припремите воће. Да бисте то урадили, оперите брескву и јабуку, уклоните коштицу и исеците на коцке. Затим огулите ананас, уклоните петељку и коцкице, уклоните кожу банане и исеците на кришке. Затим оперите грожђе и малине, преполовите наранџу и лимун и

исцедите. На крају исеците махуну ваниле по дужини и остружите пулпу.

2. Помешајте жуманца са медом, пулпом ваниле, румом, ликером од поморанце и соком од поморанце и лимуна. Умутите беланца у чврст снег и умешајте у смесу од жуманаца. Исечено воће филовати у мале ватросталне калупе, покрити снежном масом и пећи у рерни на 180 степени (конвекција) око 10 минута.

3. Гратинирана воћна салата оставите да се кратко охлади и послужите.

16. Тропска воћна салата пина колада

Састојци

- 1/2 ананаса
- 1 банана
- 1 јабука
- 1/2 шећерне диње (алтернативно диња од медне росе)
- 50 мл кокосовог млека (из конзерве)
- 30 мл сока од ананаса
- 2-3 кашике кокосовог ликера
- 2-3 кашике сушеног кокоса
- 1 чашица рума (белог)

припрема

1. Прво припремите све састојке за воћну салату од тропске пина колада. Ананас огулите, уклоните петељку и исеците на коцкице. Затим огулите и исеците банану, оперите јабуку, уклоните језгро и нарежите на коцкице. На крају извадите језгро од диње, уклоните кору и семенке и исеците на комаде величине залогаја.

2. Помешајте кокосово млеко са соком од лимуна и ананаса, кокосовим ликером, осушеним кокосом и мало рума.

3. Ставите исечене комаде воћа у већу чинију, додајте мешавину пиња коладе и добро промешајте. Поделите воћну салату од тропске пина колада у мале чиније и послужите.

17. Печена воћна салата

Састојци

- 1 бресква
- 1/4 ананаса
- 20 малина
- 1 мандарина
- 10 пхисалис
- 2 јабуке
- 1 кашичица меда
- 1 махуна ваниле (пулпа)
- 4 беланца
- 100 г шећера

припрема

1. За печену воћну салату умутити беланца са шећером у чврст снег.
2. Исеците воће на мале коцкице и помешајте са медом и пулпом ваниле. Поделити у четири облика за тарт и по врху премазати беланца.
3. Пећи на 120°Ц око 60 минута.
4. Печену воћну салату извадите из рерне, оставите да се кратко охлади и одмах послужите.

18. Воћна салата од цикорије

Састојци

- 500 г цикорије
- 200 г ћурећег прса (димљеног)
- 4 комада поморанџе
- 3 комада банана
- 150 г зачинског биља легере
- 150 г јогурта
- 2-3 кашике лимуновог сока
- со
- бибер (бели)
- шећер
- 40 г ораха

припрема

1. За воћну салату од цикорије оперите цикорију, осушите је и преполовите. Одрежите горње врхове листова, исеците стабљику у облику клина и исеците на ситне кришке. Ћурећа прса исеците на ситне тракице и помешајте са цикоријом.

2. Очистите 3 поморанџе довољно дебеле да скинете белу кожицу, исеците воћне филете и додајте цикорији, скупљајући сок. Затим огулите и нарежите банане и

помешајте са воћном салатом од цикорије.

3. Исцедите последњу поморанџу. Ужину и јогурт умутити док не постану глатки, помешати са соком од поморанџе и лимуна. Зачините по укусу сољу, бибером и шећером.

4. Прелијте воћну салату од цикорије. Орахе исецкајте грубо и поспите их. Охладите око 1 сат пре сервирања.

19. Салата од кивија

Састојци

- 4 комада кивија
- 500 г грожђа (преполовљено)
- 4 крушке
- 8 кашика меда
- 1 ком лимун (сок)
- мало листова нане

припрема

1. За салату од кивија ољуштите киви, преполовите и исеците на кришке. Затим оперите грожђе, исеците га на пола и уклоните семенке. На крају ољуштите крушке, преполовите их, уклоните омотач и такође исеците на кришке.
2. Нежно помешајте воће.
3. Лимунов сок умешајте у мед и прелијте воћну салату. Украсите са неколико листића пеперминта.

20. воћна салата од резанаца

Састојци

- 250-300 г тестенине (нпр. фусили)
- 120 г боровница
- 150 г грожђа (без семенки)
- 1 јабука (кисела)
- 1 нектарина (алтернативно бресква)
- 1 банана
- 1 махуна ваниле (пулпа)
- 1/2 лимуна (сок)
- 5-6 листова нане (свеже)
- 1 прстохват цимета (млевен)
- 1 кашика меда

припрема

1. За воћну салату од тестенина, прво прокувајте воду у великој шерпи, посолите и у њој кувајте тестенину (нпр. пенне) до ал денте.

2. У међувремену припремите преостале састојке за салату. Оперите боровнице, грожђе, јабуке и нектарине и осушите. Преполовите грожђе, изрежите језгро и нарежите нектарине и јабуку. Огулите и исеците банану. Исеците махуну ваниле

по дужини, остружите пулпу, преполовите лимун и исцедите. Отргните листове нане са стабљика и ситно исецкајте.

3. Скувану тестенину процедите, исперите и оставите да се мало охлади. Затим у већој чинији помешајте тестенину са воћем, пулпом ваниле, циметом, лимуновим соком, наном и кашиком меда. Воћну салату од тестенине можете одмах послужити.

21. Златна киви салата са ананасом и јогуртом

Састојци

За салату:

- 1 ананас (ољуштен, уклоњена петељка, исечен на штанглице)
- 3 златна кивија (ољуштена, исечена на коцкице)
- 60 г бразилских ораха (грубо исецканих)

За прелив:

- 200 г јогурта (грчки)
- 3 кашике маслиновог уља
- 1/2 лимуна (сок и кора)
- Морска со
- бибер (из млина)
- тимијан (за украс)

припрема

1. За златну салату од кивија са ананасом и јогуртом добро измешајте све састојке за прелив и зачините сољу и бибером.
2. Комаде ананаса испеците у грил тигању без масноће за салату. Ређајте на тањире заједно са кришкама кивија.
3. Прелијте воће преливом и украсите златну салату од кивија са ананасом и

јогуртом   бразилским   орасима   и
тимијаном.

22. Воћни сладолед

Састојци

- 1 киви
- 1 пакет јагода
- 1 пакет боровница
- 1/2 манга
- сируп од базге
- Вода (у зависности од укуса и величине калупа)

припрема

1. Прво припремите облике сладоледа (по потреби исперите) за воћне сладоледе и ставите поклопце или дрвене штапиће за сладолед при руци.

2. Огулите киви и исеците на кришке. Оперите и очистите јагоде и исеците на мале коцкице. Затим оперите и сортирајте боровнице. На крају ољуштите манго и исеците на ситне тракице.

3. Распоредите воће по калупима за сладолед. Добро напуните. Сируп од базге разблажите водом у зависности од укуса. Сипајте сок од базге по калупима. Убаците поклопац или штапиће за јело.

4. Замрзните у замрзивачу неколико сати или преко ноћи. Воћни сладолед се најбоље ослобађа из калупа потапањем калупа у топлу воду.

23. Фламбирана помело салата од мандарина

Састојци

- 4-6 мандарина (без семенки, алтернативно око 300-400 г сатсума или клементина)
- 1 помело (или 2 розе грејпфрута)
- 1 банана
- 2 лимете (непрскане)
- 2-3 кашике меда (загрејано)
- Суво грожђе (натопљено у грапу или рум, по укусу)
- 4 кашике ораха
- 6 кашика рума (високог процента или коњака итд. за фламбирање)

припрема

1. За фламбирану помело салату од мандарина, ољуштите мандарине, олабавите их на кришке и скините им кожу што је више могуће, или барем беле конце. Помело такође огулите, поделите на колутове и скините кожицу са ових. (Пукотине се могу распасти.) Ставите мандарине и помело у чинију са исцурелим соком. Лимете добро оперите,

а кору истрљајте директно у мандарине на ренде. Нежно промешајте.

2. Исцедите лимете. Сада огулите банану, исеците на кришке и одмах покапајте са мало лимуновог сока. Декоративно поређати на тањире са маринираним мандаринама.

3. Преостали сок од лимете помешајте са загрејаним медом и прелијте салату. Орахе исецкајте на грубо и кратко тостирајте у ненауљеном плеху. Помешајте са натопљеним сувим грожђем по жељи и поспите салату. Прелијте их алкохолом и запалите. Фламбирана салата од мандарина и помела одлично иде уз хрскаво прхко тесто, италијанске кантучије или ладифингерс.

24. Посуда од теста за колаче

Састојци

- 500 г брашна (количину прилагодите у зависности од конзистенције)
- 1 кашичица соде бикарбоне
- 1 кашичица соли
- 300 г чоколаде
- 250 г путера (меког)
- 135 г шећера (браон)
- 190 г гранулираног шећера
- 1 пакет ванилин шећера
- 2 јаја

припрема

1. Прво загрејте рерну на 190 ° Ц за посуду за тесто.
2. Помешајте брашно, соду бикарбону и со и оставите на страну. Исецкајте чоколаду.
3. Умутити путер, две врсте шећера и ванилин шећер док не постане кремасто. Додајте јаја једно по једно и сваки пут добро умешајте. Мешајте мешавину брашна и комадиће чоколаде наизменично у порцијама док се не постигне конзистенција која се може развући. Тесто

не би требало да буде превише мрвљиво да би се касније лако обликовало. Умесити, умотати у прозирну фолију и ставити у фрижидер на пола сата.

4. У међувремену, дно калупа за мафине намажите путером.

5. Разваљајте тесто. Изрежите кругове који су већи од калупа за колаче. Пажљиво ставите круг теста преко отока у калупу за мафине и притисните га. Увек оставите ивицу између шкољки колачића.

6. Пеците посуду за тесто за бисквит око 10 минута. Извадите и оставите да се охладе (то ће их учинити чврстим). Пажљиво извадите из калупа за мафине.

25. Крокети од слатког кестена

Састојци

- 500 г кестена (ољуштених)
- 250 мл млека
- 90 г мрвица кекса (или здробљеног кекса)
- 1 кашичица коре од поморанџе (од необрађене органске поморанџе)
- 1 кашичица лимунове коре (од необрађеног органског лимуна)
- 150 г путера
- 2 јаја
- 70 г мрвица кекса (за панирање)
- 1 кашичица пулпе ваниле
- 1 кашичица шећера
- Уље (за пржење)
- гранулирани шећер (за посипање)

припрема

1. Кестене кувајте у води 20 минута док не омекшају, процедите и направите пире за крокете од кестена.
2. У чинији помешајте млеко са корицом поморанџе и лимуна, мрвицама, шећером и пулпом од ваниле, лагано загревајте па умешајте кестен пире.

3. Умутити jаje, умутити и умешати у смесу од кестена.

4. Користите кесу за убризгавање штапића дужине 3 цм и оставите их да се охладе. Затим мокрим рукама обликујте крокете или куглице величине ораха од штапића.

5. Умутити друго jаje и зачинити сољу.

6. Умочите крокете, окрените их у мрвице кекса и пржите на загрејаном уљу на 180°Ц.

7. Готове крокете вадите из уља шупљикавом кашиком и оцедите на кухињском ролату.

8. Пре сервирања крокете од кестена поспите гранулираним шећером.

26. Воћна салата са кремом од ваниле и бисквитима

Састојци

- 1 ком. Манго
- 1 комад банане
- 1 крушка
- 2 ком. Бресква
- 2 комада поморанце
- 2 кашике безговог сирупа
- 1 ком. Рама Цремефине (ванилија)
- 4 комада орео кекса

припрема

1. За воћну салату са кремом од ваниле и бисквитима ољуштите манго, банану и крушку и исеците на ситне коцкице. На исти начин нарежите брескве. Исцедите поморанце, додајте сок у воће, засладите сирупом од цветова базге. Добро промешајте и оставите да се маринира 2 сата.

2. Победите Рама Цремефине, измрвите кекс.

3. Воћну салату распоредите по чинијама за десерт, прелијте кремом од ваниле и на врх распоредите измрвљени кекс.

27. Воћна салата са алкохолом

Састојци

- 1 банана
- 4 кајсије
- 1 бресква
- 15 грожђа
- 1 наранџа (сок)
- 2 ТБСП. Ликер од базге

припрема

1. За воћну салату са ракијом воће прво исећи на комаде, исцедити поморанџу и додати сок, додати ликер од базге, добро промешати. Охладите око 60 минута.
2. Затим поделите воћну салату са жестоким алкохолом у чиније и послужите.

28. Воћна салата са циметом

Састојци

- 1 шоља природног јогурта (1,5%)
- 1 кашичица цимета
- 1 кашичица меда
- 2 кашике овсене каше
- 2 кашике кукурузних пахуљица
- 1 јабука
- 1 банана
- 1 шака грожђа

припрема

1. За воћну салату са циметом извадите језгру јабуке и исеците на мале комаде. Затим исеците банану на кришке.
2. Грожђе преполовите и извадите језгру. Јогурт помешајте са циметом и медом и помешајте са исеченим воћем у чинији.
3. По врху посипајте пахуљице и уживајте у воћној салати са циметом.

29. воћна салата

Састојци

- 1 банана
- 1 јабука
- мало сувог грожђа
- 10 јагода
- Чоколадни посип (за украс)

припрема

1. Исеците банану, јабуку и јагоде на комаде величине залогаја за воћну салату.
2. Суво грожђе и воће ставите у чинију и украсите чоколадом.

30. Салата од егзотичног воћа

Састојци

- 1/2 нара
- 1/2 ком. Манго
- 1 комад. Персиммон
- 200 г папаје
- 1 комад банане

припрема

1. Исцедите шипак, а сок и семенке ставите у чинију за салату од егзотичног воћа. Манго, персимон, папају и банану исеците на комаде и помешајте са наром.

31. Воћна салата са сладоледом од ваниле

Састојци

- 2 комада поморанџе
- 2 јабуке
- 1 комад банане
- 1 лимун (од тога сок)
- 1/2 конзерве вишања (без коштица)
- 2 кашике меда
- 4 цл рума
- 4 сладоледа од ваниле
- 125 мл шлага
- 1 шака бадема у листићима

припрема

1. За воћну салату са сладоледом од ваниле ољуштите поморанџу, јабуке и банану и исеците заједно на танке кришке. Прелијте лимуновим соком.
2. Оцедити и додати вишње. Размутите мед са румом док не постане глатко, прелијте воће и оставите да се стрмо.
3. Распоредите лед на охлађене тањире и прелијте их воћном салатом. Умутите шлаг у чврст шлаг и њиме украсите воћну салату.

4. По врху посипајте бадеме у листићима и послужите воћну салату са сладоледом од ваниле.

32. Воћна салата са ударцем

Састојци

- 1 ком. Оранге
- 150 г јагода
- 100 г малина
- 1/4 комада диње
- 1 јабука
- 100 г трешања
- 1 лимун
- 50 грама грожђа
- 40 мл Малибу

припрема

1. За воћну салату јагодама уклоните зеленило и оперите са малинама, трешњама и грожђем. Затим ољуштите наранџу и дињу и исеците на мале комаде.
2. Јагоде преполовите и разрежите на четвртине. Изрежите јабуку и исеците на мале комаде. Трешње очистите и преполовите са грожђем. Помешајте воће у чинији и преко њега исцедите лимун.
3. На крају прелијте воћну салату Малибуом и добро промешајте.

33. Воћна салата са рум сувим грожђем

Састојци

- 1 комад банане
- 1 јабука
- 1 ком. Манго
- 1 ком. наранџа (од ње)
- 4 кашике рум сувог грожђа
- 1 кашика меда

припрема

1. За воћну салату са рум сувим грожђем огулите манго и исеците језгро. Затим огулите банану, исеците на пола по дужини и исеците на кришке.

2. Јабуку исеците на четвртине и језгру и исеците на мале кришке. Исцедите поморанџу. Воће маринирајте медом и соком од поморанце, помешајте са рум сувим грожђем.

3. Поделити у чиније за десерт и добро охлађену послужити воћну салату са рум сувим грожђем.

34. Воћна салата са шеширом од јогурта

Састојци

- 1 јабука
- 1 ком. Оранге
- 1 крушка
- 50 г грожђа
- 500 г јогурта од јагоде (светлог)
- 1 доза течног заслађивача
- 4 комада Амарена трешања

припрема

2. За воћну салату са капом од јогурта огулите и исеците воће.
3. Филујте поморанџу, прокувајте 50 мл воде са 1 капљицом заслађивача. Воће кратко прокувајте. Драин.
4. Јогурт од јагода помешајте са комадићима воћа, сипајте у чиније и сваку украсите вишњом.
5. Послужите воћну салату са капом од јогурта.

35. Воћна салата са јогуртом

Састојци

- 250 г грожђа
- 3 комада нектарина
- 250 г природног јогурта
- Бруснице (по укусу)

припрема

1. За воћну салату опрати грожђе и нектарине, а затим исећи нектарине на комаде. Затим ставите у чинију и додајте грожђе.
2. Добро промешајте и сипајте у мале чиније, прелијте природним јогуртом и по жељи додајте бруснице.

36. Воћна салата са камембером

Састојци

- 1/2 комада шећерне диње
- 2 кришке (с) лубенице
- 2 комада поморанце
- 2 ком. киви (жути)
- 4 парче (с) камембера
- со
- 2 кашике уља
- 2 кашике белог винског сирћета
- бибер (бели)

припрема

1. За воћну салату са камембером једну поморанцу добро оперите, скините кору са коре, преполовите поморанцу и оцедите. Сачувајте сок за маринаду.

2. Другу поморанцу огулите и филујте на густо. Огулите киви и исеците на комаде. Секачем за куглице избодите куглице различитих величина из диње.

3. Све воће поређајте на тањир, одозго ставите камембер и прелијте маринадом од сирћета, уља, соли, белог бибера и корице поморанце.

37. Воћна салата са семенкама сунцокрета

Састојци

- 2 беби ананаса
- 1 јабука
- 1 крушка
- 2 кашике лимуна (сок)
- 2 банане
- 1 киви (могуће 2)
- 6 кашика сока од поморанџе
- 2 кашике кокосовог соса
- 2 кашике семена сунцокрета

припрема

1. За воћну салату са семенкама сунцокрета очистите ананас, скините кожицу и исеците на кришке дебљине око 1/2 цм.
2. Уклоните стабљику, разрежите кришке и ставите у довољно велику чинију. Оперите јабуку и крушку, уклоните језгро, исеците на коцкице и помешајте са ананасом.
3. Прелијте комаде воћа соком од једног лимуна, скините кору са банане и кивија, исеците на ситне кришке и пажљиво ставите испод остатка воћа.

4. Прелијте салату соком од поморанце и семенкама сунцокрета и готову воћну салату са семенкама посуте кокосом послужите.

38. Воћна салата са сосом од јогурта

Састојци

- 500 г јагода
- 2 кашике шећера
- 0,5 цхарантаис или медоносне диње
- 200 г шљива нпр. плаве и жуте
- 4 кашике сока од лимете (или лимуновог сока)
- 1 шоља (236 мл) нарезаног ананаса
- 150 г крем јогурта
- 1 пакет ванилин шећера
- Можда мало свеже нане

припрема

1. Исперите и очистите јагоде и преполовите или на четвртине према величини. Посути шећером у посуди за печење. Покријте и цртајте око 15 минута.

2. Изрежите језгру диње и исеците на кришке. Одрежите месо од коже. Шљиве оперите и исеците на коцкице од коштице. Прелијте соком од лимете или лимуна. Помешајте припремљене састојке.

3. За сос од ананаса исеците на коцкице осим 1 кришке и самељите са соком. Умешајте јогурт и ванилин шећер. На облику воћне салате.

4. Остатак ананаса исеците на коцкице. Исецкајте менту ако желите. Оба поспите преко зелене салате.

39. Воћна салата са сосом од ваниле јогурта

Састојци

воће:

- 2 јабуке
- 1 банана
- Сок од 1/2 лимуна
- 2 поморанџе

сос:

- 1 беланца
- 2 кашике шећера
- 1 махуна ваниле
- 75 г јогурта
- 1 жуманца
- 100 г шлага

припрема

1. Јабуке исеците на коцкице, банану и покапајте соком од лимуна. Исеците поморанџе на комаде. Воће равномерно распоредите на четири тањира.
2. Умутите беланца у чврст снег, поспите шећером за со. махуна ваниле. Остружите, промешајте са јогуртом и жуманцетом. Умутите шлаг у чврст шлаг, умешајте га са беланца. До облика воћа.

40. Брза воћна салата

Састојци

- 1 јабука (средња)
- 1 банана
- 1 шака грожђа
- неке јагоде
- мало трешања (без коштица)
- 1 конзерва воћног коктела
- лимун
- шећер од трске (ако је потребно)

припрема

1. За брзу воћну салату, по потреби оперите, исеците и изрежите воће. Прелијте банане лимуновим соком да не порумене.
2. Све ставите у чинију са воћним коктелом и зачините шећером од трске и ванилин шећером.

41. Тропско воће и воћна салата са ударцем

Састојци

- 1/2 ананаса
- 1 комад банане
- 12 комада Амарена трешања
- 4 кашике сирупа од гренадина
- 4 кашике кокосовог рума
- 60 мл ликера од јаја

припрема

1. Огулите банану и исеците на кришке за тропско воће и воћну салату. Затим огулите ананас, исеците петељку и исеците месо на мале комадиће.

2. Комаде ананаса и кришке банане помешајте са сирупом од гренадина, кокосовим румом и ликером од јаја, оставите да се маринира најмање 1 сат.

3. Тропско воћно-воћна салата са кицк-ом за дати у 4 прелепе чаше и прелити са 3 црне трешње.

42. Шарена воћна салата

Састојци

- 500 г грожђа (без семенки)
- 2 јабуке
- 2 крушке
- 2 ком. Бресква
- 1/2 комада шећерне диње
- 500 г јагода
- 2 комада поморанџе
- 2 комада лимуна (од тог сока)
- 5 кашика безговог сирупа
- 4 кашике меда

припрема

1. За воћну салату ољуштите поморанџе и филујте на коцкице поморанџе, а затим исцедите сок од остатка.

2. Очистите и исецкајте јагоде. Јабуке, крушке и диње извадите семенке и исеците их на мале комаде. Затим преполовите грожђе, исецкајте брескве.

3. Сво воће ставите у већу чинију, помешајте са сирупом од цветова базге и медом. Воћна салата се охлади један сат.

43. Крем од скуте од јогурта са воћном салатом

Састојци

- 300 г јогурта (грчки)
- 250 г крем лонци
- 2 кашике агавиног сирупа
- 2 кашике пасте од ваниле
- 1/2 јабуке
- 1/2 крушке
- 60 г боровница
- 15 зрна грожђа (без семенки)
- 6 јагода
- 4 цл мараскино
- 2 кашике лимуновог сока

припрема

1. За крем од скуте и јогурта са воћном салатом од јабуке и крушке извадите језгро и исеците на комаде.

2. Грожђе преполовите, а јагоде на четвртине. Воће маринирајте мараскином и лимуновим соком, ставите у фрижидер 30 минута. Јогурт помешајте са скутом, агавиним сирупом и пастом од ваниле.

3. Крем од скуте распоредите на чиније за десерт и сипајте воће и сок одозго. Крем

од јогурта са воћном салатом одмах послужите хладан.

44. Воћна салата без шећера

Састојци

- 4 јабуке (органске)
- 500 г грожђа (органско)
- 500 г јагода (органских)
- 4 банане (органске, зреле)
- 3 крушке (органске)
- 6 кашика камених бомбона (прах)
- 1 лимун

припрема

1. Воће добро оперите за воћну салату и исеците на ситне коцкице. НЕМОЈТЕ љуштити, јер се већина витамина налази у кори! Уместо тога, ставите све у велику посуду и добро промешајте.

2. Затим поспите камене бомбоне на врх и поново добро промешајте. На крају додајте сок од лимуна, с једне стране да воће не порумени, а са друге да воћна салата добије одређену живост.

45. Једноставна воћна салата

Састојци

- 400 г ананаса (на комаде)
- 3-4 јабуке (мале)
- 1-2 комада банана
- 1 ком. Оранге
- 1 комад. Персиммон
- 1-2 ком. Киви

припрема

1. Прво ставите ананас и сок из конзерве у велику чинију за воћну салату. Затим извадите језгру јабука и исеците на мале комаде и додајте ананасу.
2. Затим огулите остало воће и исеците на мале комадиће. (персиммон се може јести са кором)
3. Поређајте и послужите воћну салату.

46. Веганска воћна салата

Састојци

- 1 ком. грејпфрут
- 2 комада кивија
- 1 јабука
- 3 кашике сојиног јогурта

припрема

1. За воћну салату ољуштите грејпфрут и киви, оперите јабуку. Затим све исеците на комаде величине залогаја и ставите у чинију.
2. Додати соја јогурт и све добро измешати.

47. Жута воћна салата

Састојци

- 1 ком. манго (зрео)
- 2 крушке (жуте, зреле)
- 2 јабуке
- 2 комада банане
- 2 брескве (жутог меса)
- 1 лимун
- 1 кашика меда (течног)

припрема

1. За воћну салату ољуштите манго, одвојите од коштице и исеците на комаде величине залогаја. Крушке и јабуке оперите, уклоните језгро и исеците на комаде величине залогаја.

2. Огулите банане и исеците на комаде величине залогаја. Затим оперите брескве, уклоните коштицу и исеците их на комаде величине залогаја.

3. Ставите исечено воће у чинију и промешајте. Исцедите лимун. Помешајте сок са медом и прелијте воће.

48. Воћна салата од диње

Састојци

- 300 г лубенице
- 1/2 комада диње од медљике
- 1/2 комада шећерне диње
- грожђе
- 1 јабука
- 2 комада поморанџе (од тога сок)
- 2 кашике меда
- 125 мл воде

припрема

1. За воћну салату од диње, ољуштите и очистите дињу и исеците на мале коцкице. Преполовите грожђе. Огулите јабуку и исеците на мале коцкице. Исцедите поморанџе.

2. Воду са медом проври, охладити и прелити преко коцкица воћа, додати сок од поморанџе. Ставите на хладно место и оставите да се маринира најмање 60 минута.

49. Салата од кивија

Састојци

- 600 г ананаса
- 4 кивија
- 2 банане
- 1 шипак
- 2 паковања ванилин шећера
- 2 кашике шећера у праху
- 3 кашике лимуна (сок)
- 3 кашике сирупа од гренадина

припрема

1. За салату од кивија, ананас прво исеците по дужини на осмине, основу стабљике исеците на мале комадиће, а пулпу са коре исеците на комаде дијагонално. Огулите и исеците воће кивија и банане.

2. Шипак исеците дијагонално, кашиком остружите семенке и сок. Помешајте све у чинији. Помешајте сок од једног лимуна, шећер у праху, ванилин шећер и гренадин са воћем. Донесите салату од кивија на сто ледено хладну.

50. Воћна салата од шљива и ананаса

Састојци

- 1 ананас
- Цоинтреау
- душо
- Нана
- 11 шљива
- шећера у праху

припрема

1. Исеците ананас за воћну салату од шљива и ананаса. Преполовите шљиве и изрежите их на коцкице и маринирајте са Цоинтреауом, наном и медом.

2. Додајте комадиће ананаса, промешајте и поређајте целу воћну салату у издубљени ананас. Поспите шећером у праху и послужите салату од шљива, ананаса и воћа.

51. Воћна салата са наром

Састојци

- 1/2 нара
- 2 мандарине
- 2 банане
- 4 шљиве
- 1 јабука
- 1 ногу

припрема

1. За воћну салату са наром, прво исцедите половину нара са цедилом за цитрусе и ставите у чинију (све - укључујући и семенке које су преостале од процеса цеђења).

2. Исцедите и мандарине. Исеците банане, додајте их и изгњечите виљушком. Шљиве, јабуку и персим исеците на ситно и умешајте - воћна салата са наром је готова.

52. Воћна салата са орасима

Састојци

- 2 комада поморанџе
- 2 банане (зреле)
- 1 јабука
- 1 крушка
- 2 кашике ораха (ренданог)

припрема

1. За воћну салату исцедите поморанџе и ставите у чинију. Може се додати и пулпа (без семенки). Затим огулите и нарежите банане.
2. Згњечите сок од поморанџе виљушком. Јабуку и крушку исецкајте и помешајте. Поспите ренданим орасима.

53. Коктел од свежег воћа

Састојци

- 1 ананас (Хаваји, огуљен)
- 4 брескве (ољуштене)
- 2 нара (уклоњене коштице)
- 2 јабуке Гранни Смитх (без коштица, нарезане на коцкице)
- 400 г грожђа (зелено и без семенки)

припрема

1. За воћни коктел опрати воће и исећи све на комаде.
2. Помешајте воће и послужите их заједно.

54. Воћна салата са наном

Састојци

- 2 кајсије
- 2 брескве
- 1 крушка
- 1 шака јагода (очишћених)
- 6 листова менте (исеците на траке)
- 3 кашичице шећера

припрема

1. За воћну салату са наном опрати кајсије и брескве, одстранити језгро и исећи на ситне коцкице. Крушку оперите и исеците на четвртине, уклоните језгро и исеците на коцкице. Јагоде поделити на пријатне комаде, све добро измешати.
2. Додајте шећер и нану и послужите воћну салату са наном хладном.

55. Салата од лубенице и крушке са

шкампима

Састојци

- 190 г козица (мM»ринираних)
- 2 кришке (с) лубенице
- 1 крушка
- 1 мрвица балзамико сирћета (россо)
- 1/2 везе власца

припрема

1. Салату од лубенице и крушке са козицама исеците на веће коцке за лубеницу и крушку.
2. Власац такође исеците на ситне комаде.
3. Козице пропржите у тигању који се не лепе неколико минута без додавања маснове јер су већ мариниране. На крају пржите коцке лубенице око 1 минут, а затим скините тигањ са ватре.
4. Умешајте коцке крушке и оставите да одстоји 1 минут. Зачините са мало балзамико сирћета, поново промешајте и послужите салату од лубенице и крушке са козицама посипаним власцем.

56. Салата од поморанџе и кивија са ледом

Састојци

- 3 комада поморанџе
- 4 комада кивија
- 100 г коктел воћа
- ликер од поморанџе (по укусу)
- 1 ком. наранџа (од ње)
- 2 кашике меда
- 1/2 лимуна (од тога сок)
- пистаћи (исецкан)
- 120 г сладоледа од ваниле

припрема

1. За салату од поморанџе и кивија са сладоледом,ољуштите поморанџе и киви и исеците на танке кришке. Оцедите плодове коктела.

2. Помешајте воће и охладите. Охладите стаклене чиније. Сок од поморанџе и лимуна помешајте са ликером од поморанџе и медом, пажљиво помешајте са воћем, и оставите у фрижидеру пола сата.

3. Сладолед од ваниле поделите на четири дела. У сваку охлађену стаклену чинију

ставите порцију сладоледа од ваниле,
прелијте воћном салатом, поспите
сецканим пистаћима и одмах послужите.

57. Компот од вишања

Састојци

- 1 кг вишње
- вода
- 4 кашике шећера од трске
- 1 прстохват ванилин шећера

припрема

1. За компот од вишања оперите вишње и очистите језгру. Ставите у велики тигањ и напуните водом да прекрије вишње. Додајте шећер од трске и ванилин шећер.
2. Компот проври и лагано кувати око 5 минута. У међувремену припремите наочаре. Компот од вишања сипајте у чаше, затворите и очистите.
3. Затим га окрените наопако (да се створи вакуум у чашама) и прекријте ћебетом (за споро хлађење).

58. Ананас са шутом

Састојци

- 1 комад. Ананас 1,5 кг
- 1/8 л павлаке
- 3 комада банана
- 2 стамперл рума (бели)
- 50 г чоколаде за прскање

припрема

1. Одрежите поклопац за ананас са сачмом ананаса. Затим исеците пулпу малим ножем (оставите 1 цм ивице да одстоји) и исеците пулпу на комаде прибл. величине 1 цм.

2. Банану исеците на танке кришке и помешајте са комадићима ананаса и преосталим састојцима у чинији и сипајте у празан ананас. Покријте ананас поклопцем и ставите ананас у фрижидер до сервирања.

59. Базгово сирће

Састојци

- 3/4 л сирћета
- 2 кашике багремовог меда
- 3/4 стакла безговог цвета

припрема

1. За сирће од базге, напуните чисту теглу од једног литра која се може затворити до 3/4 пуне цветом безбе који је пажљиво откинут од инсеката.
2. Умутити мед и сирће, прелити и оставити на тамном месту око 4 недеље.
3. Базгово сирће чувајте у чаши или га употребите одмах.

60. Пудинг од соје са шареном воћном

салатом

Састојци

- 500 мл напитка од соје
- 1 пакет праха за пудинг од ваниле
- 2 кашике шећера
- 1 бресква
- 1 ком кивија
- 3 јагоде
- 8 литцхис
- 1 шака грожђа
- 1 комад лимуна (сок)
- 2 кашике безговог сирупа

припрема

1. За пудинг од соје са шареном воћном салатом скувајте пудинг од ваниле са напитком од соје према упутству на паковању, сипајте у калупе за пудинг и ставите у фрижидер на неколико сати.

2. Воће исећи на ситне комаде, маринирати соком од лимете и сирупом од цветова безбе. Извуците пудинг из калупа, око пудинга ставите воћну салату.

61. Воћна салата са лубеницом

Састојци

- 150 г малина
- 100 г бобичастог воћа (нпр. купине, боровнице)
- 2 брескве (велике)
- 8 кајсија
- 8 шљива
- 1 лимун
- 50 грама шећера
- 50 мл мараскина
- 1 лубеница (средња)
- Пеперминт (свежа)

припрема

1. За воћну салату са лубеницом, брескве прво ољуштите, језгро, четвртине и исеците. Затим преполовите кајсије и шљиве, уклоните језгро и исеците на комаде. Малине и шећер ставите у довољно велику чинију и покапајте лимуновим соком и мараскином. Охладите кратко.

2. Отворите лубеницу, исеците пулпу на мале коцкице и помешајте са преосталим

воћем. Украсите воћну салату лубеницом са пеперминтом и изнесите на сто.

62. Салата од крушке и шљиве

Састојци

- 1/2 кг шљива
- 1/2 кг крушака
- 3 кашике лимуна (сок)
- 2 кашике сирупа од крушке
- 5 даг бадемових листића
- 5-дневно семе сунцокрета
- 1/4 л киселог млека

припрема

1. За салату од крушака и шљива испеците семенке сунцокрета у тигању без масноће док не замирише. Пустите да се охлади.
2. Оперите шљиве, исеците на пола, исјеците језгро и исеците половине на кришке.
3. Крушке огулите и исецкајте на четвртине, уклоните језгро и воће исеците на коцкице.
4. Прелијте комаде воћа лимуновим соком.
5. Помешајте остатак лимуновог сока, сирупа од крушке и киселог млека и умешајте у воће.

6. Салату од крушака и шљива поспите семенкама сунцокрета и бадемима у листићима.

63. Воћна салата са умаком од кикирикија

Састојци

- 1/2 шећерне диње
- 1/2 ананаса
- 1 пакет физалиса
- мало грожђа (велико, без семенки)
- 3 кашике путера од кикирикија (хрскаво)
- 4 кашике сока од поморанце (свеже цеђеног)
- 2 кашике сока од лимете (свеже исцеђеног)
- 1/2 кашике шећера у праху
- 4 чачкалице

припрема

1. Прво, за воћну салату са кикирикијем, исецкајте кришку ананаса на коцкице величине залогаја. Затим ољуштите дињу и такође исеците на коцкице. Оперите грожђе.

2. Помешајте путер од кикирикија са свеже цеђеним соком од поморанце и лимете и шећером у праху за умак.

3. Послужите воћну салату са умаком од кикирикија. Набодите комаде воћа чачкалицом и умочите их у умак.

64. Воћна салата од кокоса са мрвљеним

ледом

Састојци

- 1 кокос
- мешано воће по жељи (папаја, ананас, манго)
- Азуки пасуљ коцке (или агар-агар коцке)
- 1,5 кашике јаворовог сирупа
- Смеђи шећер по укусу
- 3,5 кашике густог кокосовог млека
- 4 шољице фино уситњеног леда
- Цимет по укусу

припрема

1. Прво отворите кокос. Да бисте то урадили, чекићем и ексером избушите 2 или 3 рупе у кокосу на тамним местима (рупама) испод браде. Ставите сито преко шерпе, додајте кокос и пустите да кокосова вода оцеди. (Ако је потребно, вадичепом избушите дубље отворе.) Затим ставите кокос у рерну загрејану на 180 степени на цца. 20 минута и поново га уклоните. Снажно ударите чекићем и отворите кокос. Отпустите пулпу и исеците на мале коцке. Преостало воће

такође исећи на веома ситне коцкице и све измешати. Помешајте кокосову воду са кокосовим млеком, јаворовим сирупом и смеђим шећером и прелијте воће. Нежно промешајте. Умешајте веома ситно изломљен лед и послужите.

65. Сладолед са сосом од пасуља и воћном

салатом

Састојци

- 8 шака беланаца (или смрвљеног леда)
- паста од пасуља (црвена)
- 250 мл шећерног сирупа
- 3 кашике амаретто трешања (за украс)
- За воћну салату:
- Воће (нпр. бресква, јагоде, по жељи)
- Сок од лимуна
- шећер

припрема

1. Помешајте пасту од пасуља са шећерним сирупом за сладолед са сосом од пасуља и воћном салатом. Прво сипајте ледени снег у чашу за вино. Затим ставите малу кашику пасте од пасуља на врх и кашику воћне салате. Украсите амарето вишњама и послужите.

66. Сирно-воћна салата

Састојци

- 3 ком кајсије
- 1/2 ананаса
- 1 јабука (велика)
- 300 г Гауда
- 250 мл шлага
- 3 кашике сока од ананаса
- Сок од лимуна
- 2 кашичице сенфа (вруће)
- со
- бибер
- зелена салата (за украс)

припрема

1. За сирно-воћну салату воће исеците на коцкице и коцкице, а сир на кришке.
2. Припремите маринаду од шлага, лимуновог сока, сока од ананаса, сенфа, соли и бибера и прелијте преко воћа и сира. Све добро промешајте и оставите да се мало стрмо.
3. Готову салату од сира и воћа распоредите на листове зелене салате и послужите.

67. Воћна салата са воћним преливом

Састојци

За прелив:

- 3 кивија
- 2 крушке (ољуштене)
- За салату:
- 2 банане
- 2 мандарине
- 150 г грожђа (плаво и бело; без семенки)
- 1 киви
- 1 крушка
- 1 јабука
- 1 шака ораха (или лешника)
- 4 кашике шећера

припрема

1. За воћну салату са воћним преливом припремите воћну салату од воћа.
2. Јабуку и крушку ољуштите и исецкајте на четвртине, уклоните језгро и поново исеците комаде воћа.
3. У малој шерпи попарите комаде јабуке и крушке са мало воде и 1 кашиком шећера до ал денте.

4. Киви и банане огулите и исецкајте, грожђе оперите, почупајте петељке.
5. Мандарине ољуштити и поделити на коцкице, орахе крупно исецкати.
6. Добро измешајте воће у великој посуди.
7. За прелив ољуштите киви и крушке. Уклоните језгро од крушака и ставите воће у високу чашу за мешање.
8. Ручним блендером израдите пире са 3 кашике шећера.
9. Прелијте воће дресингом и послужите воћну салату уз воћни прелив посуту сецканим орасима.

68. Печена воћна салата са хладним

гратеном

Састојци

- 500 г кварка
- 250 мл шлага
- 1 банана (нарезана)
- 10 јагода (на коцкице)
- 10 зрна грожђа (бело, преполовљено)
- 1 прстохват шећера
- 1 пакет хрскав
- 1 пакет комадића бадема
- 1 пакет ванилин шећера

припрема

1. За воћну салату распоредите воће у чинију. Помешајте кварк са шлагом и додајте шећер. Прелијте смесу преко воћа и све загладите.
2. Помешајте кришке бадема, крхки и ванилин шећер и добро поспите по врху. Ставите у фрижидер најмање 60 минута.

69. Воћна салата са хрскавом киноом

Састојци

- 40 г киное
- 0,5 кашичице уља пшеничних клица
- 3 кашичице јаворовог сирупа
- 125 мл млаћенице
- 2 кајсије
- 200 г бобица (мешано)

припрема

1. За труднице и дојиље: обилни мусли
2. Киноа, житарице налик зрну из Централне Америке, изузетно су драгоцене због високог садржаја протеина, гвожђа и калцијума. Они су мали и имају веома благ укус. Слично као код Кукуруза, можете их "поп". Али пазите да не постану превише тамни. Салату можете прелити куглицом сладоледа од ваниле за десерт.
3. Киноју у тигању прелијте уљем и загрејте на лаганој ватри док не пукне. После 1 до 2 минута додати трећину јаворовог сирупа и кратко тостирати, сипати на хладну даску и намазати. Помешајте млаћеницу

са остатком сирупа, пребаците у чинију. Исперите воће, очистите бобице, исеците кајсије на коцкице. Оба равномерно распоредите у млаћеницу. Затим по врху поспите охлађену киноу.

4. Од испуцане киное се такође може направити одличан сладолед: Замрзните четврт литра млаћенице. Извадите из замрзивача и помешајте са 50 г меда и 1 прстохватом ваниле у праху док не постане кремасто. Затим умутите 0,2 литра шлага и брзо умешајте у млаћеницу. На крају умешајте охлађену киноу - припремљену на горе описани начин - и замрзните у замрзивачу најмање 6 сати. Ставите у фрижидер 30 минута пре јела. На сто понесите свеже воће или евентуално полутврди шлаг.

70. Воћна салата са цхацхацха сирупом

Састојци

Цхацхацха сируп од нане:

- 100 г шећера
- 200 мл воде
- 200 мл поморанџе (сок)
- 3 ковнице
- 2 каранфилића
- 6 кашика чачаче; Шнапс од беле шећерне трске

Воћна салата:

- 1 манго 650 г
- 1 папаја 450 г
- 1 ананас 1,5 кг
- 4 тамарилоса
- 3 поморанџе
- 250 г земаљске војске
- 125 г рибизле
- 1 маракуја
- 3 ковнице

припрема

1. За сируп прокувајте шећер са 200 мл воде, соком од поморанџе и стабљикама нане у сирупасто отворен начин. Додајте каранфилић и оставите да се охлади. Додајте чачачу и оставите да се охлади.

2. Уклоните кору са манга, папаје и ананаса за салату. Изрежите месо манга од коштице. Преполовите папају и кашиком уклоните семенке. Ананас разрежите на четвртине и уклоните петељку. Исеците воће на комаде величине залогаја. Тамарилло исеците на стабљику, ставите у кључалу воду 1 минут, угасите и огулите. Воће исећи на кришке дебљине 1/2 цм. Уклоните белу кору поморанџе са коре и уклоните филете између кора које се раздвајају. Оперите, оцедите, преполовите или на четвртине јагоде. Исперите рибизле, оцедите их. Преполовите маракују.

3. Уклоните менту и каранфилић из сирупа. Помешајте воће са сирупом, маринирајте 10 минута. Почупати листове нане и посути преко воћне салате.

71. Воћна салата са сосом од ликера

Састојци

- 2 банане
- 2 јабуке
- 2 кашике лимуна (сок)
- 125 г грожђа
- 2 поморанџе
- 4 кајсије
- 2 кашике шећера

За сос од ликера:

- 1 паковање свеже павлаке (150 г)
- 3 кашике Гранд Марниера
- 30 г језгра лешника

припрема

1. Уклоните кору са банане и исеците на мале кришке. Уклоните кору са јабука, четвртине, језгро и исеците на комаде. Оба састојка прелијте лимуновим соком. Грожђе опрати, добро оцедити, одстранити петељке, преполовити и изрезати језгро. Уклоните кору, уклоните

белу кору, а поморанџе исеците на комаде. Кајсије опрати, исећи на пола, изрезати језгро и исећи на коцкице. Помешајте састојке са шећером и формирајте у чинији.

2. За сос од ликера, промешајте крем фраш са Гранд Марнијером, језгра лешника исеците на мале кришке, преклопите и прелијте сос преко калупа за воће.

72. Медитеранска воћна салата

Састојци

- 3 шипка
- 3 поморанџе
- 3 грејпфрута (ружичаста)
- 4 сл
- кардамом
- 15 дана шећера
- 1/4 л воћног сока, сакупљеног (иначе додајте сок од поморанџе)

припрема

1. За медитеранску воћну салату филетирајте поморанџе и грејпфрут: огулите кору, укључујући белу унутрашњу кору, док сакупљате сок. Затим олабавите сегменте воћа са танке мембране и сакупите сок.
2. Уклоните семенке из нара.
3. Смокве пажљиво оперите и исеците на кришке.
4. Истопите шећер (без масноће) у малој шерпи и браон (карамелизујте).
5. Сипајте сакупљени сок, зачините кардамомом и оставите да се охлади.

6. Додајте воће, пажљиво промешајте и оставите медитеранску воћну салату да се маринира најмање 3 сата.

73. Вафли од хељде са воћном салатом

Састојци

- 80 г путера
- 75 г багремовог меда
- 2 јаја
- 0,5 махуна ваниле (пулпа)
- 90 г хељдиног брашна
- 80 г интегралног пшеничног брашна
- 1 кашичица прашка за пециво (тартар)
- 150 мл минералне воде
- 100 г скуте
- 50 г јогурта (природног)
- 1 кашика јаворовог сирупа
- 1 јабука
- 1 крушка
- 250 г бобица
- лимун (сок)
- 1 ђумбир у праху

припрема

1. Врсте целог брашна су посебно укусне у свеже печеним вафлима. Пролазе и са

мало масти. Укратко: здрава ужина између оброка.

2. Мешајте путер са медом док не постане кремасто. Умешајте јаја и пулпу ваниле. Обе врсте брашна помешати са прашком за пециво. Умешајте смешу у мешавину јаја. Додајте довољно минералне воде да направите вискозно тесто. Потопите тесто најмање 15 минута. По потреби долијте још минералне воде па пеците вафле од 2 до 3 кашике док се тесто не обради. Скуту умутити са јогуртом док не постане глатка и засладити половином јаворовог сирупа. Исперите јабуку, крушку и бобице. Јабуку и крушку разрежите на четвртине, уклоните језгро и исеците на коцкице. Прелијте коцке са мало лимуновог сока. Изаберите бобице и помешајте их са другим воћем. Зачините воћну салату остатком јаворовог сирупа и ђумбира у праху. Намажите мало скуте између два вафла која "

3. Ако у кући немате хељдиног брашна, можете користити само интегрално брашно.

74. Мусли са салатом од егзотичног воћа

Састојци

- 1 ананас
- 1/2 Цхарентаис диње
- 1 манго
- 1 киви
- 1 папаја
- 8 јагода
- Овсена каша од целог зрна
- Целе пшеничне пахуљице
- кукурузне пахуљице
- Језгра лешника
- ораси
- млеком
- јогурт
- Слој сира

припрема

1. Са воћа скините кору (у зависности од сезоне и укуса), уклоните коштице, исеците на коцкице и промешајте. Изнесите састојке за мусли на сто у малим чинијама за печење по жељи и понесите их са млечним производима и

воћном салатом. По жељи можете све засладити медом или шећером.

2. Савет: Користите кремасти природни јогурт за још финији резултат!

75. Азијска воћна салата са стакленим

резанцима

Састојци

- 1 наранџа
- 1 пакет грашка
- 1 пакет стаклених резанаца
- душо
- Листови нане
- 12 личија
- 0,5 пеперона
- шећер

припрема

1. Одлично јело од тестенине за сваку прилику:
2. Помешајте сецкану половину пеперона и стаклене резанце куване у шећеру. На врх ставите филирану поморанџу и украсите листом менте.

76. Зачињена воћна салата

Састојци

- 1/2 лубенице (пожељно без семенки)
- 1 ком. манго (меки)
- 250 г јагода
- 150 г фете
- Балзамико сирће (тамно, по укусу)
- Бибер (свеже млевен, обојен, по укусу)

припрема

1. За зачињену воћну салату све исећи на ситне комаде и поређати на велики тањир.

77. Диња са личијем и ананасом

Састојци

- 1 комад шећерне диње (велика или 1/2 лубенице)
- 1 доза(е) личија
- 400 г ананаса (или јагоде, свеже)
- 5 кашика ђумбира (из конзерве)
- Пар кашика воћног ликера

припрема

1. За дињу са личијем и ананасом, исеците и издубите дињу како бисте готову воћну салату напунили чиније.
2. Месо диње исеците на коцкице, по потреби и остало воће. Воће по жељи прелијте ликером.
3. Ситно исецкајте комадиће ђумбира и све помешајте. Охладите неколико сати.
4. Пре сервирања воће сипајте у половину коре диње и послужите дињу са личијем и ананасом.

78. Салата од јаја и воћа

Састојци

- 4 јаја
- 300 г крушке
- 400 г кришке јабуке
- 0,3 кг јогурта
- 2 кришке хлеба од целог оброка (ситно исецканог на коцкице)
- 2 кашике лимуна (сок)
- 2 кашике меда

припрема

1. Јаја за јаја и воћну салату скувајте 10 минута, исперите и огулите.
2. Одвојите беланца и жуманца. Беланца ситно исецкати.
3. Помешајте жуманца са јогуртом за сос и зачините лимуновим соком. Загрејте мед и у њему загладите коцкице хлеба од целог зрна.
4. Ређајте кришке јабуке и крушке на тањире. Прелијте сецканим беланцетом и сосом од јогурта и поспите коцкицама хлеба од целог оброка салату од јаја и воћа.

79. Салата од крушке и грожђа

Састојци

- 2 крушке
- 15 дана плаво грожђе (без семенки)
- 15 даг белог грожђа (малог, без семенки)
- 5 дана лешника

сос:

- 100 мл сока од грожђа (црвено)
- 1 кашика лимуновог сока
- 3 кашике меда (или шећера)
- 1 тбсп граппа

припрема

1. Ставите лешнике у плех за салату од крушке и грожђа на цца. 120 ° Ц док не замирише. Истрљајте љуску кухињским пешкиром што топлије и исецкајте орахе.
2. Грожђе опрати, отргнути од лозе и по потреби пресећи на пола.
3. Крушке огулите и исецкајте на четвртине, уклоните језгро и нарежите воће на

коцкице. Одмах покапајте лимуновим соком да комадићи не порумене.

4. Помешајте сок од грожђа са медом (шећером) и ракијом и зачините по укусу.

5. Помешајте воће и прелијте соком.

6. Послужите салату од крушке и грожђа посуту сецканим лешницима.

80. Воћна салата са кампаријем

Састојци

- 2 грејпфрута (ружичаста)
- 3 поморанџе
- 1 крушка
- 1 јабука
- 3 Џампари
- 1 пакет ванилин шећера

припрема

1. За воћну салату са Џампаријем, филетирајте грејпфрут и 2 поморанџе: огулите кору, укључујући белу унутрашњу кору, док сакупљате сок. Затим олабавите сегменте воћа са танке мембране и сакупите сок.

2. Исцедите остатак поморанџе.

3. Јабуку и крушку огулите и исецкајте на четвртине, уклоните језгро и исеците на комаде.

4. Мешајте сок од поморанџе и грејпфрута, Џампари и ванилин шећер док се шећер не раствори.

5. Помешајте воће у чинији и прелијте их соком.

6. Охладите воћну салату са Џампаријем и оставите да одстоји сат времена.

81. Слатко-кисели прелив

Састојци

- 2 главице лука (средњи)
- 250 мл сока од ананаса
- 100 мл сирћета
- 3 цртице табаско соса
- 3 кашике шећера (браон)
- 3 кашике џема од ананаса
- бибер (свеже млевен)

припрема

1. Очистите лук за кисело-слатки прелив и исецкајте га врло ситно.
2. Растопите шећер са соком од ананаса на средњој ватри. Затим додајте лук и загрејте. На крају додајте табаско сос, бибер, џем и сирће.
3. Ако је потребно, разблажите слатко-кисели прелив са мало воде.

82. Крем од јаја

Састојци

- 2 жуманца
- 50 грама шећера
- 20 г кукурузног скроба
- 100 мл млека ((1))
- 150 мл млека ((2))
- 1 махуна ваниле
- 150 мл густе павлаке (шлаг са смањеном масноћом)
- 100 мл ликера од јаја

припрема

1. За крему од јаја помешајте кукуруз, шећер, жуманца и млеко у посуди за печење да добијете глатку крему.
2. У тигањ извуците млеко и уздужно исечену махуну ваниле са изструганим семенкама и оставите да одстоје 10 минута. Затим уклоните махуну ваниле.
3. Поново прокувајте млеко од ваниле и сипајте преко леда уз стално мешање.

Вратите све у шерпу и загревајте, мешајући, док крема не почне да се згушњава. У одговарајућу посуду одмах сипајте цедиљку и на крему ставите прозирну фолију да не би могла да се створи кожица када се охлади. Оставите да се охлади најмање 120 минута.

4. Непосредно пре сервирања умутите шлаг са смањеном масноћом до чврсте креме. У крему умешајте јаја од јаја, па у шлаг. Крем од ликера од јаја сипајте у чиније за десерт и по жељи поспите штапићем креме или евентуално ренданим кандираним воћем.

83. Парфе од плавог грожђа са салатом од наранџе и грожђа

Састојци

Савршен:

- 500 г ароматичног плавог грожђа
- 75 грама шећера; у зависности од слаткоће грожђа
- 100 мл сока од поморанџе (свеже цеђеног)
- 100 г шећера
- 4 жуманца
- 500 мл шлага

Воћна салата:

- 200 г грожђа
- 200 г грожђа
- 2 поморанџе; филетирани
- 2 кашике ликера од поморанџе
- 4 кашике бадема (љуспице)

припрема

1. Ставите грожђе, шећер и сок од поморанџе у шерпу за парфе. Загрејати уз мешање док грожђе не пукне. Згњечите грожђе што је више могуће. Све пропасирајте кроз

сито, сакупите сок и оставите да се охлади.

2. Жуманца умутите са шећером и 50 мл сока од грожђа у врелом воденом купатилу док не постану кремасти, па их умутите у хладној води. Умешајте остатак сока од грожђа. Умутите шлаг у чврсти шлаг и промешајте. Ставите све у пластичну теглу која се може затворити и замрзните једну ноћ.

3. За воћну салату, грожђе исперите, преполовите и извадите језгру. Затим филетирајте поморанце, сакупљајући сок. Помешајте сок са ликером од поморанце и кратко маринирајте половине грожђа и филете наранце.

4. За сервирање на тањир ставите куглице парфеа од грожђа, а поред њих мало салате од грожђа и поморанце. Зелену салату поспите прженим листићима бадема.

84. Терин од сира са орасима

Састојци

- 100 г ораха (сецканих)
- 200 г маскарпонеа
- 2 jaja
- 2 жуманца
- 30 мл калвадоса
- 50 г шаргарепе
- 2 крушке
- 20 г шећера
- 20 мл трешње

припрема

1. Помешајте орахе са маскарпонеом, јајима, жуманцима и калвадосом и ставите у посуду за рерну. Затим пеците у рерни загрејаној на 200 ° Ц добрих пола сата. За воћну салату ољуштите и изрендајте шаргарепу и крушке. Затим помешати са шећером и вишњом. На крају отворите сирну терину и изнесите је на сто са салатом.

85. Брокерска салата

Састојци

- 2 кашике меда
- 8 менте (листова)
- 1/2 паковања пињола
- шећера у праху
- 2 лимуна (сок од тога)

припрема

1. За салату од мушмула огулите мушмуле и изрежите им језгру, исеците на мале комадиће и зачините са мало меда и лимуновог сока. Умешајте половину пињола.

2. Затим ставите у чашу за десерт. По врху посипајте преостале пињоле, поспите шећером у праху и украсите салату од мушмуле листићима нане.

86. Француски дресинг

Састојци

- 0,5 гомила цервила
- 0,5 гомила естрагона
- 2 листа ловице (свеже)
- 2 гранчице (с) першуна
- 1 кашичица соли
- 0,5 кашичице соли целера
- 1 јаје (тврдо кувано)
- 4 кашике уља
- 1 кашичица сенфа (вруће)
- 6 кашика сирћета
- 1 нагомилани комад кварка
- 2 кашике мајонеза
- 4 кашике шлага (свеже)

припрема

1. Након хлађења, исперите зачинско биље, грубо огулите и уклоните петељке. Листове са сољу и целеровом сољу измрвите у пире (или измрвите по 1/2 кашичице сушеног кребуља и естрагона) и добрим прстохватом сушене љупке са свежим першуном, сољу и 1 капом воде и оставите 2 сата).

2. Извадите jaje из љуске, а жуманце обликујте у пире од биља. Додајте преостале састојке. Све умутите пјењачом док не постане глатко, али не кремасто. Беланца исеците на мале комадиће и на крају умешајте.

3. Можете умешати 1-2 кашике кечапа у америчком стилу ако желите.

4. Сос је погодан за месне салате, салате од кобасица, хладно поврће као што су парадајз, карфиол, шпаргле, срца од артичока, за кувану шунку и тврдо кувана jaja.

5. Салата од целера, кувана, лангошице, авокадо, цикорија, дресинг, воћне салате, нарезак, језик, кобасица

87. Воћна салата од харинге

Састојци

- 8 комада филета харинге (двоструко, благо кисело)
- 2 наранџе
- 1 ком. манго (зрео)
- За маринаду:
- 1 гомила копра
- 1 наранџа
- 1 прстохват шећера
- бибер
- со
- 2 кашике шлага
- 150 г креме фраицхе
- 100 мл шлага (муђеног док не постане чврст)

припрема

1. Филете харинге исеците на комаде дужине 2-3 цм.
2. Две поморанџе огулити и исећи на четвртине и исећи на дебеле коцкице. Огулите манго и исеците месо од

коштице. Одвојите мало воћа за украс. Помешајте преостале комаде воћа са комадићима харинге.

3. Прво, маринадом откините заставице копра, узимајући око 2 кашике за украс. Исцедите поморанџу. Помешајте сок од поморанџе са шећером, бибером, сољу, хреном и кремом. Умутити шлаг и на крају умешати копар.

4. Помешајте мешавину воћа и рибе са маринадом и оставите да се стрмо. Пре сервирања украсите салату од харинге остатком воћа и заставицама копра.

88. Сладолед са сосом од пасуља и воћном

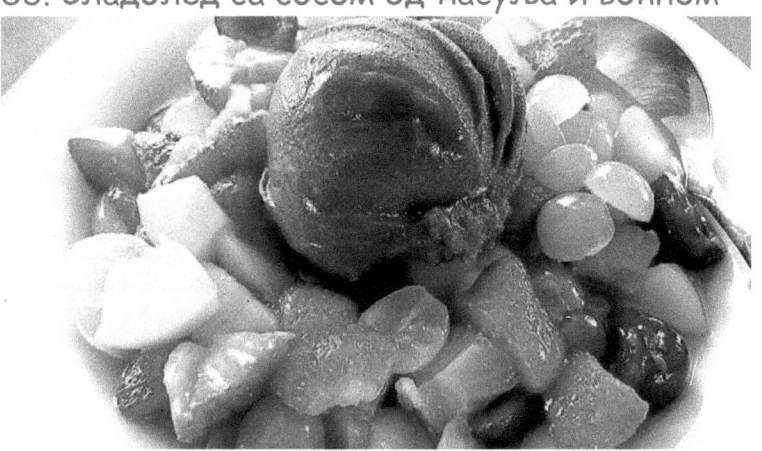

салатом

Састојци

- 8 шака беланаца (или смрвљеног леда)
- паста од пасуља (црвена)
- 250 мл шећерног сирупа
- 3 кашике амаретто трешања (за украс)
- За воћну салату:
- Воће (нпр. бресква, јагоде, по жељи)
- Сок од лимуна
- шећер

припрема

1. Помешајте пасту од пасуља са шећерним сирупом за сладолед са сосом од пасуља и воћном салатом. Прво сипајте ледени снег у чашу за вино. Затим ставите малу кашику пасте од пасуља на врх и кашику воћне салате. Украсите амарето вишњама и послужите.

89. Пиринач од јагоде на воћној салати

Састојци за 2 порције

- 500 г свежег воћа (по укусу)
- 0,5 шоље шлага
- 3 мерице Мовенпицк јагода
- 5 капи лимуновог сока

припрема

1. Воће оперите, огулите и исеците на коцкице, ставите на тањир и покапајте лимуновим соком.
2. Ставите сладолед од јагода на воћну салату.
3. Украсите шлагом и корнетима за сладолед.

90. Воћна салата са авокадом и јогуртом

Састојци

- 1 јабука
- 1 авокадо
- 1/2 манга
- 40 г јагода
- 1/2 лимуна
- 1 кашика меда
- 125 г природног јогурта
- 2-3 кашике бадема

припрема

1. Прво за воћну салату са авокадом и јогуртом оперите јабуку и уклоните језгру и коцкице. Затим извадите језгро авокада и манга и такође исеците на коцкице. Оперите јагоде и исеците на пола. На крају отворите лимун и исцедите сок из половине.

2. Добро измешајте природни јогурт и мед. Сипајте исечене састојке у већу чинију и умешајте мешавину меда и јогурта. Воћну салату са авокадом и јогуртом, посути бадемима и послужити.

91. једноставна воћна салата

Састојци

- 1/2 сецкане папаје
- 1/2 сецкане диње
- 1 велика сецкана јабука
- 2 банане
- 3 сока од поморанџе

припрема

1. Све воће добро оперите. Ако сте у недоумици, прочитајте наш чланак о правилној дезинфекцији воћа и поврћа.
2. Уклоните кору и семенке папаје.
3. Исеците на квадрате.
4. Уклоните кору и семенке са диње.
5. Исеците на квадрате.
6. Преполовите банане, а затим исеците на квадрате.
7. Исцедите поморанџе да исциједите сок, процедите да уклоните семенке и оставите на страну.
8. Одрежите јабуку и уклоните само језгро. Чувајте чинију.

9. Нежно помешајте све воће осим банане у великој посуди.
10. Прелијте смешу соком од поморанџе.
11. Извадите у фрижидер на око 30 минута.
12. Додајте банане непосредно пре сервирања.

92. традиционална воћна салата

Састојци

- 2 кутије јагода
- 1 резана папаја без коже или семена
- 5 нарезаних поморанци
- 4 јабуке
- 1 ананас
- 5 сецканих банана
- 3 конзерве кондензованог млека (можда без лактозе)
- 3 креме (може без лактозе)

припрема

1. Добро оперите воће.
2. Уклоните све махуне и семенке.
3. Ананас исеците на коцкице, а затим га исеците на коцкице.
4. Исеците јабуке на квадрате.
5. Банане исеците на мало дебље кришке и оставите са стране.
6. Огуљену папају и семенке исеците на кришке.
7. Ставите све воће у велику посуду.
8. Додајте кондензовано млеко и крему и лагано мешајте да се воће не поквари.

9. Охладите 1 сат.
10. Послужите охлађено!

93. кремаста воћна салата

Састојци

- 4 јабуке
- 4 кивија
- 3 сребрне банане
- 1 велика папаја
- 1 кутија јагода
- 1 конзерва брескве у сирупу
- 1 конзерва павлаке
- 1 конзерва кондензованог млека

припрема

1. Оперите све воће.
2. Уклоните коштице и коштице са листова јабуке, кивија, папаје и јагоде.
3. Све воће исеците на квадрате.
4. Нежно помешајте воће у чинији.
5. Павлаку и кондензовано млеко умутите електричним миксером или уз помоћ фоуета у кремасту пасту.
6. Додајте умућену пасту у воће и још мало мешајте.

7. Додати брескву у сируп, такође ситно исецкану. Уживајте у мало сирупа да додате укус и навлажите салату.
8. На готову смесу сипајте остатак креме и пасте од кондензованог млека.
9. Ставите на хладно место и оставите да одстоји око 1 сат.
10. Послужите хладно!

94. Воћна салата са кондензованим млеком

Састојци

- 5 јабука
- 5 банана
- 3 поморанџе
- 15 преполовљених зрна грожђа без семенки
- 1 папаја
- 1/2 диње
- 4 гуаве
- 4 крушке
- 6 јагода
- 1 конзерва кондензованог млека

припрема

1. Добро оперите воће.
2. Резервације.
3. Уклоните семе и махуне, стабљике и листове.
4. У чинији исеците све воће на квадрате.
5. Лагано мешајте док се све не помеша равномерно.
6. Додајте кондензовано млеко и оставите у фрижидеру око 1 сат.

7. Послужите охлађено или на собној температури.

95. Воћна салата са павлаком

Састојци

- 3 банане
- 4 јабуке
- 1 мала папаја
- 2 поморанџе
- 10 јагода
- 15 грожђа по вашем избору
- 1 конзерва дебеле павлаке (може без лактозе)
- 1/2 шоље шећера (опционо)
- Додатни савет: можете га засладити са мало меда ако желите.

припрема

1. Добро оперите воће.
2. Уклоните махуне и семенке.
3. Исеците их на мале комаде, најбоље квадрате.
4. Ставите воће у посуду.
5. Све воће исеците на мале комаде и оставите у чинији.

6. Умутите густу павлаку (са шећером по жељи) у блендеру око 1 минут.

7. У чинију са воћем сипајте шлаг и лагано мешајте док се све добро не измеша.

8. Ставите на хладно место и послужите охлађено.

96. Одговарајућа воћна салата

Састојци

- 1 шоља купина
- 4 мале поморанџе
- 1 шоља чаја од јагоде
- 1/2 шоље чаја од грожђа по вашем избору
- 1 кашичица меда
- 2 кашике природног сока од поморанџе;
- 1/4 лонца грчког јогурта

припрема

1. Дезинфикујте све воће.
2. Уклоните кору и семенке (осим грожђа).
3. Ставите све воће и грчки јогурт у чинију.
4. Лагано мешајте док се све не помеша.
5. Воћну салату прелијте медом и ставите у фрижидер.
6. Извадите и послужите!

97. Гурманска воћна салата

Састојци

- 1/2 папаје
- 1/2 шоље чаја од јагоде
- 1 наранџа
- 1 јабука
- Мед по укусу

За сос:

- 2 кашике сока од поморанџе
- 1/2 посуде обичног јогурта од целог оброка (може бити без лактозе)
- 4 сецкана листа менте

припрема

1. Након дезинфекције свих плодова, уклоните кору, семенке и листове.
2. Исеците на мале квадрате и ставите у велику посуду.
3. У другој посуди помешајте јогурт, сок од поморанџе и листове нане.
4. Сипајте сос у чинију за воће, лагано промешајте.
5. Поделити воћну салату у мале чиније и оставити у фрижидеру.

6. Послужите са листићима нане и медом за украшавање.

98. Воћна салата са сосом од јогурта

Састојци

- 500 г јагода
- 2 кашике шећера
- 0,5 цхарантаис или медоносне дпње
- 200 г шљива нпр. плаве и жуте
- 4 кашике сока од лимете (или лимуновог сока)
- 1 шоља (236 мл) нарезаног ананаса
- 150 г крем јогурта
- 1 пакет ванилин шећера
- Можда мало свеже нане

припрема

1. Исперите и очистите јагоде и преполовите или на четвртине према величини. Посути шећером у посуди за печење. Покријте и цртајте око 15 минута.
2. Изрежите језгру дпње и исеците на кришке. Одрежите месо од коже. Шљиве оперите и исеците на коцкице од коштице. Прелијте соком од лимете или лимуна. Помешајте припремљене састојке.

3. За сос од ананаса исеците на коцкице осим 1 кришке и самељите са соком. Умешајте јогурт и ванилин шећер. На облику воћне салате.

4. Остатак ананаса исеците на коцкице. Исецкајте менту ако желите. Оба поспите преко зелене салате.

99. Воћна салата са сосом од ваниле јогурта

Састојци

воће:

- 2 јабуке
- 1 банана
- Сок од 1/2 лимуна
- 2 поморанџе

сос:

- 1 беланца
- 2 кашике шећера
- 1 махуна ваниле
- 75 г јогурта
- 1 жуманца
- 100 г шлага

припрема

1. Јабуке исеците на коцкице, банану и покапајте соком од лимуна. Исеците поморанџе на комаде. Воће равномерно распоредите на четири тањира.
2. Умутите беланца у чврст снег, поспите шећером за со. махуна ваниле. Остружите, промешајте са јогуртом и жуманцетом.

Умутите шлаг у чврст шлаг, умешајте га са беланца. До облика воћа.

100. Брза воћна салата

Састојци

- 1 јабука (средња)
- 1 банана
- 1 шака грожђа
- неке јагоде
- мало трешања (без коштица)
- 1 конзерва воћног коктела
- лимун
- шећер од трске (ако је потребно)

припрема

1. За брзу воћну салату, по потреби оперите, исеците и изрежите воће. Прелијте банане лимуновим соком да не порумене.
2. Све ставите у чинију са воћним коктелом и зачините шећером од трске и ванилин шећером.

ЗАКЉУЧАК

Док закључујемо „Фруит Фусион: Кувар за живописну воћну салату", надамо се да сте уживали у овом путовању у свет свежих и дивних воћних салата. Од једноставних комбинација које омогућавају да плодови сијају сами од себе до сложенијих мешавина које изазивају укусне пупољке, научили сте како да направите здрава и визуелно запањујућа јела.

Воћне салате нуде фантастичан начин да побољшате своје искуство једења воћа, чинећи га пријатнијим и узбудљивијим. Уз широку лепезу воћа на располагању, могућности за прављење јединствених и укусних воћних салата су заиста бескрајне.

Подстичемо вас да наставите да истражујете ново воће, експериментишете са укусима и испробавате различите преливе и преливе како бисте направили своје препознатљиве воћне салате. Лепота ове куварске књиге лежи у флексибилности коју нуди, омогућавајући вам да прилагодите и персонализујете сваки рецепт према вашим жељама.

Запамтите, воћне салате нису само укус; они су прослава доброте природе и диван начин да у своју исхрану унесете више витамина, антиоксиданата и влакана.

Надамо се да вас је „Фруит Фусион: Кувар са живописном воћном салатом" инспирисао да прихватите обиље свежег воћа и учините га редовним делом ваших кулинарских авантура. Дакле, било да уживате у воћној салати по сунчаном дану или је делите са најмилијима на неком посебном скупу, нека вас сваки залогај приближи природи и срећнијем, здравијем начину живота.

Ево још шаренијих, освежавајућих и укусних креација воћних салата у вашој будућности. Срећно прављење воћне салате!

Регенерација одговора